KB260030

내가 사랑한 도둑

내가 사랑한 도둑 ⓒ 유춘희 2002

초판 1쇄 발행일 | 2002년 4월 25일
초판 2쇄 발행일 | 2002년 5월 10일

지은이 | 유춘희
펴낸이 | 이정원

펴낸곳 | 도서출판 들녘
등록일자 | 1987년 12월 12일
등록번호 | 10-156
주소 | 서울 마포구 합정동 366-2 삼주빌딩 3층
전화 | 마케팅 02-323-7849 편집 02-323-7366
팩시밀리 | 02-338-9640
홈페이지 | www.ddd21.co.kr

ISBN 89-7527-306-7 (03810)
그림같은세상 은 시와 산문을 출간하는, 도서출판 들녘의 디비전입니다.

유춘희 시집

내가 사랑한 도둑

에둘러 오는 동안 그새 각주가 많이 붙었다
그러므로 나는 진술되지 못하고 다만 해석된다

자서 自序

시는 내게 늦게 배운 도둑질이거나,
끝내 빠져나올 수 없는 함정임이 틀림없다.
환한 통증을 주는 독한 연애이거나
슬픔과 밀거래하는,
알싸한 오감으로 꼬드기는
미혹임이 분명하다.
그러니 더욱 퍼부어주기를
능멸하고 겁탈해주기를
이제껏 헛디딘 것들 가운데
가장 아름다운 함정, 시여.

십여 년 시와 함께 한 질곡의 집을 짓는다.
한 채의 몸으로 누리는
세상에서의 지복이 참으로 황송하다.

|차 례|

자서 自序

1

2

1

밤에 손톱을 깎다

더 저질러야 할 과오가
내 안에 무수히 자라고 있다.
감히 말하거니와 나는
울음과 남루와 공복의 적자嫡子요,
부재와 열등과 눈물의 제자였다.
너무 오래 상실을 살았고
풍문으로 세계의 운명에
개입해왔다. 세상에 대한 모든
혐오는 왜 그처럼 단단한가

밤이면 부적
이 오래된 혐오를 할퀴고 싶다.

도둑

경계 안쪽으로 그가
살금살금 기어 들어왔다. 성공적으로
문을 따고 깊게 들어와서
두리번거렸다. 주인이
비워놓은 시간에의 완전한 잠입, 일순
날은 어두워졌고 나도
함께 어두워졌다.

내 안의 전부를 그는
만지작거렸다. 보이지 않는 것
숨겨놓은 것들을 들쑤셨다. 취약 부분을
뒤적였고 뒤적이는 곳마다 나는
취약했다. 초범이 아닌 듯 그는 결코
무거운 것에 집착하지 않았다.

백주 대낮 환하디

환한 시간의 경계 허물고
뒤적이다 가버렸다. 헝클어진
몸에 빨대를 꽂고 밑둥까지
들이켠 후 훔쳐낸
젊음을 어깨에 둘러메고 그는
걸어나갔다. 도난 당한 한 도막의 시간을
다른 시간들이 쑥덕거렸다.
고통은 깊고 시간은 잠깐이었다. 상처 난
바람 하나 열린 문 찌걱찌걱 흔들어주었다.

시간의 비빔밥

신께서
하얀 밥덩이의 나를 그릇에 담아
각각 다른 생의 줄기로,
각종의 미욱과 멸렬, 불급의 나물로
알맞게 덮어주셨다.

비애의 국물이 골고루 배일 즈음
색색의 절망도 듬뿍 얹어주셨다.

그리고는 양념이 잘된 시간을 숟갈로 푹,
정한에 받쳐들고 두리번거리신다.

누구 먹을 차례?

근황

1

멀쩡하게 밥 잘 먹고
나란히 누운 머리맡에서
머리채 끌려가듯
맥없이 어딘가로 잡혀갈 때가 있어요.
—만약에당신이
그대로숨을멈추고가버린다면
그렇게두번거칠게코를골다가갑자기
잠처럼조용해진다면
막새로시작된꿈이영사기고장처럼
필름이툭끊어지고
그것으로영영종영이된다면
백년중십년약속도
지키지못하고가버린다면
채마밭이랑마다고개내미는
여린열무겉절이맛보아주지않고

자동차할부금미납한채

잔올릴자손하나얻지못하고가버린다면

야트막한땅속에

부실한사랑대강묻어놓고서

잘자구려싱거운말로

마지막인사끝내놓고

당신이영영내게

돌아오지않는다면—

산발한 달빛이 누워 있는

검은 바다 속에 나는 날마다

처박혀요. 잔뜩 물먹은 얼굴 들어

검은 물 꾹꾹 눌러 짜다보면

멀쩡한 당신이 두어 번 뒤척이다

다시 돌아눕곤 해요.

2

자세를 고쳐앉을 때마다

삐걱이는 소리 내는 의자를

지체별로 나누어 손을 보았다.

상체와 하체를 나누고

두 발과 두 손을 각각 떼어 뉘어놓고

정교한 나사와 스프링도

강박관념같이 끼워진 틀에서

잠시 놓여나게 해주었다.

혐의가 짙은 부분을 찾아

기름을 먹이고

헐린 가슴에 꽃그림 하나 그려넣었다.

고단한 다리 두드려

제 자리에 앉혀놓으니

단순한 그가 금세

조용해졌다.

3

망망한 바다 속이 아닌

간판 허름한 횟집 수족관 안에서

어떤 적을 경계하려고 저 게는 딱딱한

갑옷을 벗어놓지 않는 걸까 좁은 틈바퀴에서

두 몸 부딪혀 사지 절단낼지 모를

그 갑갑한

4

어서 시력이 떨어져

보지 않아도 될 것과

보아야 할 것도 더러 안 보고 살 수 있는

침침한 세월 왔으면 좋겠네

두 귀가 힘을 잃어

그대 괜히 불러보는 소리에

놀라 옷 털지 않고

나뭇잎 사각이는 소리에도 귀 뜨지 않고

그대 체온 느끼지 못하는

고목 껍질 같은 손등으로 살고 싶네

삭아 내린 마음 더 이상

뜨겁게 달궈지지 않는

온유한 독서

에둘러 오는 동안

그새 각주가 많이 붙었다

그러므로 나는 진술되지 못하고

다만 해석된다

그의 꼼꼼한 시선에

오래 붙들려 놓여지지 않는다

세상에서 내가 연기한

온갖 방종의

내막과 배면이 샅샅이 읽혀진다

삼인칭으로 바뀐

술어까지의 까마득한 시간을 견딘 후

빛나는 오해가 난외 주기로

필기되기도 한다

칸칸이 불이 켜지고

붉은 울음이 몇 줄 그어진다

침묵은 오물오물 씹히고

정독이 오독과 더욱 긴밀해진다
잘 빚은 반역이 극명히 번역된다

에둘러 오는 동안
그새 각주가 많이도 붙었다
각주의 부하府下 그 안에서
그러므로 나는 진술되지 못하고
다만 해석된다

동박새 울음을 따라가다

삽교호 근처

안개 속에서 잠시 길 잃고

출구를 찾아 나오다. 소요 시간 1시간 17분.

서해안 고속도로

반대 방향의 노선에 들었다가

다시 되돌아 나오다. 소요 시간 2시간 34분.

문득

다른 생에 잘못

타고 있음을 발견하다. 소요 시간 35년 10개월.

요강꽃 노을

잠시 잠깐
소낙비 넘치게 쏟아붓고
오래 서서 출렁이는
발목 삔 구름 한 채

무사한 날들이 너무 많이 지나쳐갔다

산책길에서 만나는 나무더미
어느 움막이거나 집의 시간이었을,
널브러진 뼈들을 지나쳐간다.

한때 누군가의 추위 막던 몸통이었을,
그 몸통을 만들자고 못을 치던 사내의
서까래였고 문지방이었을
허술한 잠의 더미들

집을 틀어 올리던
백 년도 더 전의 역사役事를 돌아
시간의 뒤꼍을
천천히 내려오다 보면
그 사내의 식솔들과
식솔들마다 밥그릇 득득 긁어대는
소리들과 소리의 흰 몸

그 환한 웃음을 지나치게 된다.

가을걷이 끝난 밭고랑에 나와 서 있던

사내의 식솔이었던 나를

지나쳐가게 된다.

11월

바위구절초 툭, 꽃잎 놓치는 날
덤불오리나무가 추운 어깨를
으스스 흔든다
문득 눈앞을 막으며
되박새무리 땅을 차고 오르고
잘못 지은 인연으로 길을 잃은
집제비 한 마리 둥글게 산허리를 말고 있다

둥근 것은 자주 서글픔이 된다
깃들일 마음 한 칸 없는
정처없음이 본래
저렇게 둥근 걸음이라는 것을
일찍 잎 떨군 나무가
서툴게 주억거린다.
바위구절초 꽃잎이 툭, 목숨 놓치는 날
덤불오리나무가 추운 어깨를

으스스 흔드는 날

11월의 나무

바람이 지날 때마다
몸에 붙은 비늘을 하나씩 떼어주었다.
거침없이 감겨오는
바람의 혀에 내 영혼의 잠든 이파리들을
하나씩 올려주었다.
한 잎 한 잎 은화를 덜어내고
나는 보다 가벼운 공기로 환전되었다.

머리 위로 저녁이
이슥하게 덮여오도록
아아 깜깜하게 불 밝힐
절멸의 한때를
미처 알지 못하고
나는 너무 일찍 옷을
벗고 있었던 거다.
너무 오래 나쁜 기후 속에

세워져 있었던 거다.

첫눈이 오면

첫눈이 오면

며칠이고 느슨히

아파야겠다 애인아

연필 깎는 일도 놓아두고

빨래를 너는 일도 잊고

아픈 눈으로 창 밖을 오래

바라다보아야겠다

슬프지만 절망적이지는 않은

쓸쓸한 허밍 같은 헨델의

사라방드를 들으며

미열의 이마를 짚어야겠다

그러면 귀 안으로 걸어 들어오는

추억의 음표들

그들을 맞아

드문드문 젖어오는 마음,

어눌한 부끄러움 따위와 차를
달여 마셔야겠다.

첫눈이 오면
첫눈이 오면
흐린 날씨 속에 너무
오래 세워두었던 한 시절이
외투를 여미고 돌아 나가는 것을
볼 수 있으리라

마음이 한결
연약해질 때까지 기다려
내 가벼운 감기 위로 폭폭
쌓이는 눈에게 더는
안녕, 이라는 말
참지 않아야겠다 애인아

폭설

퍼붓는 눈에 발이 다 묶이고 나서야
한 그루 석류나무가 되는구나
한 그루 종려나무가 되는구나

단단히 껴입은 나무들의 껍질이
내핍과 절곡의 외부였다니!

내 슬픔의 나이테는 얼마나 관념적이었던가
내 영혼의 엽록소는 얼마나 추상적이었던가
퍼붓는 생각에 몸이 다 갇히고 나서야
한 그루 석류나무의 밑동,
한 그루 종려나무의 빈가지가 되는구나

2

토란잎, 호박잎 혹은 연잎 위의 빗방울

샐쭉하게 돌아앉은
너의 문은 오늘도 나를 위해
열리지 않았다. 앙다문 네 마음을
열고 들어가 우단처럼 너를 덮고
잠들 수 있다면

스미지 않는 네가 있어
스미고 싶은 내가 있어

매번
같은 자리로
끊임없이 나를 부러뜨리는 것이다.
눈물 툭툭 부러뜨리러 날마다
너에게 가는 것이다.

맛있는 독설 한 그릇

무슨 장렬한 전사戰死처럼 비가
바닥에 고꾸라지면 이내
폭죽처럼 터지는 번개, 번개들
오 비명처럼 섹시한!

집도절도돼지우리도고무다라이설거지통
플라스틱슬리퍼도폐비닐스티로폼도
뿌리가뽑힌나무, 울음이뽑힌설운사랑도

한 그릇에 물 말아놓고
저 천둥소리.

누군가 낯선 객이
제 밥을 빼앗으러 온다는 듯
종일을 으르렁거리는 저!

이름들·3
—슬픔

슬픔은 내 기둥서방

끝이 보이지 않는

마음의 저,

깜깜한 거리에

붉은 등 주욱

내다 걸어놓고

위독한 혼을 팔지요

거칠게 몰아세우는

그 거리의 바람에게

내 마음 날마다 거칠게 벗겨지고

언제나 다 해진,

허청거리는 몸으로

그의 거처에 들어서요

세상에 흠씬

매맞고 돌아오는 나를
씻기는 유일한 남자
슬픔은 끝내
버리고 달아날 수 없는
내 오랜 정부情夫이지요
지상에는 없는 순결을
날마다 묻어두고 나오는
푸른 내 유곽의 남자지요

이름들 · 2
─기차

　기차는 국가다. 입국과 함께 운명을 같이한다. 도중 하차와 승차로 끊임없이 재편성되는 지정 좌석에 상처 많은 역사들 붙박여 있다. 대한의 신민으로 우리는 천안쯤에서 탄다. 먼 데 줄지어 나는 새들을 읽으며 새새거리던 꽃망울들 교신음 착신하며 창창한 속력으로 달린다. 창 밖으로 세워두었던 시간들 획획 물러선다. 대전을 지나고 구포를 지나 어둠 화사하게 피어 있는 터널로 들어선다.

　오래 웅성거리던 미망 빨갛게 찢긴다. 세기가 꽥 울음을 쏟으며 빠져나온다. 머리 위 햇볕 펑펑 터진다.

이름들 · 1

―상록수

상록수는 중학교 때 읽은 농촌 계몽 소설

고등학교 어느 겨울 방학에

홍제동 당고모 집에 얹혀 살며 다니던

단과반 이름이다

증폭되던 그리움 그 분만을 위해 찾아간

어떤 간이역

버려진 늙은이처럼 납작하게 누운 다방이다

금정역에서 길을 바꿔 안산으로 가다 만나는

지하철역이다 일년 내내 잎이 푸른

소나무 대나무 전나무

푸른 바람만 깃을 치는 늘푸른 나무다

낡고 쇠한 내 작은 추억의

마을을 따고 푸드득 날아오르는

종종걸음이다

먼 데서부터 푸른 것이

한 번 푸르고 영원히 푸른 틀이다 사각이다

형무소처럼

붉디붉은 관념이다

주소 · 3

이제껏 내 걸어온 길 얼마나 될까요

민들레가 때 없이 홋배앓이 하는
그 노란 봄길을 따라나선 길
어쩌다 당신이라는 마을을 기웃거리며
들어섰습니다. 저마다 붉은 상처를
매달고 서 있던 무수한 당신
그때 저는 막 자라나는 손톱으로
당신을 긁으며 지나왔습니다.
누구에게나
봄이 그리 오래지 않음을
그때는 미처 몰랐습니다. 들풀이
자라 오른 눈물의 저수貯水 그 앞에 서서
붉덩물 일으켰습니다.
헝클어진 건 당신인데
붉은 물이 드는 건 나라는 것

그것도 그때는 미처 몰랐습니다.

사람의 온기가 다 가신
빈집 부엌에 앉아
오래 전에 잦아든 불씨
지펴 올리고 있으면
안채 어디쯤
해수병 앓는 미나리아재비
가릉가릉 가래 끓는 소리
들려옵니다.

한때 자신이 어떤 나무의
한 부분이었음을 잊지 않은
나무둥치에 걸터앉아
이 생 안에 당신께 드릴 무성한,
젖은 말들을 꺼내봅니다.

갈퀴 같은 시간이
저녁을 다 거두어갈 때까지
참 많이도 걸었습니다만

나는 고작 당신이라는 큰,
마을 하나를 맴돌았을 뿐입니다.

주소 · 2

내 정신은 자하문* 밖

자주 바람의 목이

장대에 찢겨 울부짖는

아랫마을에 살지요

때로 멍석에 말린

안개의 몸뚱이에

생각이 똘똘 말리우는

그런 모반을 꿈꾸면서요

마음의 측간에 더러

풍문처럼 서생들

숨어들다 가고요

규방의 법도를 모르는

정신은 아무 데서나

치마끈을 풀어요

봉긋한 정신의 앞섶에
봉두난발의 시절들이
잠들어 있어요
누천 년을 피고 지던

내 영혼은 자하문 밖
들창마다 피울음 내어 걸린
저잣거리 그 설운 마을에 살지요

*자하문 : 서울 북서쪽에 위치한 성문으로, 신분의 차이에 따라 안과 밖에 거주하
       였다고 함.

주소 · 1

함정에 빠진 게 틀림없어

어느 쪽 단추를 눌렀던 거지?

대오를 이루며 날던 새들

다른 하늘로 날아가버리고

몰아치던 전화벨 소리도 끊어졌네

창문 아래 서성거리던

사내들 발자국

어느 골목으로 걸어 들어갔는지

이렇게 물밑처럼 고요할 리가

빛을 잃은 저

음지의 언어들이

내 얼굴에 개흙을 칠하고

조용히 늙자 하네. 이엉을 엮어 만든

집채만한 비애 속에서

누렇게 떠가는 마을

내게 밥을 먹이는
서른아홉의 감옥아

바람 몰아치는 따뜻한
이 함정을 빠져나갈 길 없네
어느 쪽 단추를 눌러야 하지?

메꽃

명아주대 망초대 그 어떤 비껴선

삶의 몸뚱이에 허리 휘휘 감고 살면서

한낮이면 입 착착 닫아걸고 바깥

봉쇄하는 이유는요, 내게 귀를 대는 사람에게

해 지지 않는 나라 이야기를 들려주려고

그래요. 등에 업은 시든 햇살 내려놓고

이리로 오세요. 입 안 가득 물고 있는 이야기

들려드릴게요.

그 단정한 숲에

크라운 베이커리 저 주인 아저씨 단정한 넥타이 속에는 간밤 부부싸움 끝에 생긴 상처 숨어 있을지 몰라. 불끈거리는 분노가 잔뜩 묶여 있을지 몰라.

저 새새거리는 단발머리 새초롬한 얼굴 중엔 공중 변소에 앉아 밀密한 낙서를 하던 아이, 생리대 헤벌떡 펼쳐 던지는 아이가,

서러운 대사 쏟으며 울고 있는 저 텔레비전 속 배우는 촬영 직전 잡채밥 뚝딱 해치운 입일지 몰라.

저 점잔 빼는 남녀 머리통 속은 혼선 즉발 광케이블 번쩍이고 붙잡힌 시간들이 이제쯤 어딘가로 내빼고 싶어질지 몰라.

창 밖의 저, 4차선 도로 밑은 개여뀌 쥐꼬리망초 며느리밑씻개 잘 나가는 사람들 길에 깔려 기지개 켜고 싶어하는 것들 있을지 몰라. 그들의 상처와 낙서, 생리대와 잡채밥이 혼선 즉발 광케이블이 아우성과.

당신의 그 단정한 숲엔 뭐가?
포진한 안개가 한 대열씩 물러나면서

던지고 가는 적요

그 다음 장면엔?

외곽 도로

1

처음 나 그 길에 들었을 때
기준 이하의 속력이었네. 두근대는
마음이 번번이 시동을 꺼뜨리고
주춤거리다 방향 잃었네. 편승한
규범이 수시로 참견해오고 속도의
두려움이 제동기와
가속기 사이를 헛디뎠네. 납작하게
누운 길이 벌떡거리며
일어서곤 했네

2

세계의 중심을, 너의 흉금을 제대로 뚫지 못하고
나 이제 외곽에서 바람보다
빠르게 늙어가네. 아뜩한 속력이 나를 태우고
목적 없는 길을 가네. 폭풍의

시간 속으로 질주하네
늑골을 누르는 환한 통증이
나를 어루만지네. 더는 다른 생이
가능하지 않네

3
모퉁이를 돌다 지켜 서 있는
무망을 만나네
경례를 붙이고 그는
내가 범한
기준 이상의 속력
차선 위반을 조근조근
검문하네. 함부로
넘나들던 중앙선 침범,
그 불온한 세월이
불심검문 당하네

민둥산을 오르며

눈[目]으로 성글게 건너다녔던
앞산을 오릅니다.

무슨 회한도 쓰린 정회도 없이
머리를 쓸어 올리며
가벼이 걷는 나를
쑥부쟁이 민달개비 강아지풀들
길을 비켜줍니다.
신행길 밝히는 초롱인가요
바람에 쓸려 허리가 휠 때마다
저마다 켜놓은 얼굴에
잠깐씩 붉은 혀가!
구주룩이 이마를 맞대고 굽어보는
회양나무 오리나무 사시나무도
몇 가닥 남지 않은 민머리 위로 따스한 햇볕
몇 알 켜놓고 길 밝혀줍니다.

나를 업어주겠다는 듯

납작하게 몸을 낮춘 구릉들은

자식 없이 늙어가던 당고모 등허리 같아

남의 자식만 수없이 업어 키웠던

그 설운 등에 오래 업혀 있다 옵니다.

저무는 하늘을 되지빠귀 한 마리

산 바깥의 소리를 물고 제집으로 듭니다.

이미 다 읽었다고 믿었던

소월素月처럼 영랑永郎처럼 이 산은 바람은

낡은, 새 시를 한 편씩

들려줍니다.

그간 너무 깊거나

먼 곳을 즐겼다고

너무 높이만 숭상했다고

갈퀴처럼 꺾이던 무릎은

낮은 곳일수록 더욱 허방을 짚고,
귀 안의 소리개는
여린 바람의 입술에도
쓰개치마를 뒤집어씁니다.

잘 안다고 믿었던 낯선 그이와
오후 내내 차를 달여 마십니다.
낮은 물소리로 탁한 귀를 씻기는
웅험한 산山 한 분을 걸어 오릅니다

U턴 지점을 찾아 두리번거리다

직진하다 문득

이 길이 아니다 싶을 때,

4차선 고속화 도로 안쪽에서

그 쌩쌩거리는 삶의 차선을 바꾸고 싶어질 때,

언제 끝날지 알 수 없는

옆 차량의 질주에 옆구리로

바람이 숭숭 들어올 때,

길 옆 가로수의

나고 자라 팔랑대고 물들다 떨어지고

떨어져 뒹구는 낙엽 때문에

그 귀 떨어진 시간 때문에 화들짝 놀랄 때,

무연이 지나친 사랑으로 속도 떨어질 때,

룸미러 속에 함께 서 있던 세월 점점이

사라지며 내게로 바짝 조바심이 쳐질 때,

비상등 켜고 갓길에 서서 바퀴를 쉬고 있을 때,

밑바닥으로부터 짐승 같은 그림자가 일렁거릴 때,

U턴 지점을 찾아

오던 길로 홰액 돌아가면 안 될까요?

43번 국도 37킬로미터 지점

한꺼번에 한 곳으로 몰린 생각들
길을 막고 섰다
생각의 뒤통수 재빨리 들이대는
한 치 양보 없는 정체 행렬 속
꼭 박힌 생각들이 발을 구른다
저 붉은 신호등 아래서
생이 다 저물어버릴 것만 같다

말없이 말을 건너는
생각의 호루라기 시끄럽게 울린다
더는 너를 벗어날 수 없다
수채 구멍에 몰린 비누 거품같이
부릉거리던 생각의
시동 꺼둔다. 꿈속 같은 고요가 켜진다

길게 드러눕는 생각의

가시 거리 바깥으로

어떤 생각이 다른 생각과

옥신각신하는 소리 멀리 들린다

이쯤에서 나를 놓고 가버리고 싶다

마주앙을 들고 와라

마주앙을 들고 와라

마주앙 속의 현란한 비틀거림을 들고 와라

내 캄캄한 몸

불 밝혀라.

알콜 11.5퍼센트로

단내 진동하는 그리움

바짝바짝 타던 입술 축이고

이제껏 부르던

슬픈 노래를 끄게 하라

편향으로 휘어진 늑골 세우고

부르게 하라. 끈끈한 욕망의 노래

달큰한 사랑의 노래

우리에게 순결은 없고

순백은 이미 세상의 색깔이 아니니

마주앙을 들고 와라

마주앙 속의 현란한
비틀거림을 들고 와라
정수리부터 발끝까지
갈한 몸뚱이를 적셔라.
누워 있는 말들을
일으켜 달뜨게 하라.
헝클어뜨려라. 그리고
이제 그만

내 안의 너를
꺼내어 가라.

어느 소수 부족의 기록 · 3

부주의로 손거울을
떨어뜨렸다. 그 위로
누군가 빠르게 거미줄을 쳤다
거미줄 칸칸에 수많은
여자가 걸렸다

그 안을 가만히 들여다보았다
여자들도 내 안을
각자 들여다보았다

한꺼번에 내 안으로
여자들이 주렁주렁 걸린다
누군가 빠르게 그 안에 거미줄을 친다

3

슬픔을 요리하다

우선 슬픔의 껍질 벗기기

흐르는 세월에 여러 번 씻어

추억과 함께 두기

희붉은 마음을 약한 불에

오래 달구어 두기

소량의 연민을 두르고 준비된

슬픔을 넣어 장시간 가열하기

집착에 빠지지 않도록 가열 도중

계속 저어주기. 순도의 영양 깨뜨리지 않기

슬픔의 강한 맛에는 추억을 많이 넣고 조리하기

자주 뒤집어 슬픔의 한쪽이

지저분해지지 않도록 하기

긴장이 노릇노릇해질 때까지

은근히 달이기. 잘 익은 슬픔은

먹기 좋은 크기로 보기 좋게 담기

이때 새콤한 웃음 곁들여 내기

단, 과식을 주의시키기

편지 · 2

내 마음은 오늘
공과금 내러 은행에도 안 가고
오는 전화에도 대답 않고
물먹는 하마처럼 묵지근한
침묵 속에 잠수하고 있었습니다

(하! 그런데 그 침묵이 어찌 그리
시끄럽던지요.
바스락 바스락 시간을 뒤적여
갈피 갈피의 추억들 끄집어내고
순서 없이 어질러놓습니다. 이리 튀고
저리 튀는 생각들을 깔깔거립니다. 오랜
사랑의 이 끝과 저 끝을 뛰어다니다
넘어져 상처를 덧내기도 합니다. 깊은
울음을 울기도 합니다. 그 울음에 기대어
쌕쌕 잠을 자기도 합니다.)

소리 하나 없는 침묵 그 속이야말로

얼마나 수다스러운 곳인지

말하지 않는 저 유리창, 보도 블록

콘크리트 벽들이 얼마나 많이

지껄이고 있는지

하늘을 가르는 전깃줄이

그 줄을 붙잡아 맨 전봇대가

얼마나 많이 중얼거리고 서 있는지

하교 후의 운동장처럼

조용한 그대의 가슴에

얼마나 많은 말들이 모여 노는지

내 마음은 오늘

침묵 속으로 내려가서

시끄러운 그대와 놀았습니다

내가 여덟 번 우울할 때

하늘이 낮게 가라앉았다.
창문이 바람에 몸 맡기고 울고 있었다.
커피포트가 물을 죄다 태웠다.
의자도 고통스럽게 삐걱거렸다.
연속극 여자 주인공이 멀미를 했다.
우리집 앞에서 교통사고가 났다.
자전거가 죽었다.

시외에서 온 전화가 피투성이였다.
지구는 살육전이었다.

평화 은행에 가서

허리 굽혀 평화가 인사를 하신다

(그러나 더 많이 굽히신 건?)

여러분의 평화를 안전하고 유리하게 지켜드리겠습니다

(단, 모두를 빙자한 것이어야 합니다)

비밀번호를 누르는 평화

명세표와 카드를 받으시면 평화가 나옵니다

차르르르 줄지어 나오는 평화. 대기하는 평화.

다리를 흔들며 잡지를 뒤적이는

평화. 잠시 화장실에 들르는 평화.

우리 은행에는 무장된 평화가 있습니다

(물론 무장된 소외도 있습니다)

요청에 따라 평화의

안전을 지켜드릴 수 있습니다

휘청거리는 평화. 계좌이체를 마치는

평화. 머리를 긁적이는 평화

오늘 우리 시대의 평화는 연리
최고율입니다
오, 지상에 가득한 평화
넘치는 평화, 평화, 평화……

소지한 평화를 주의하시고
안녕히 가십시오. 허연 허벅지를 보이며
평화가 허리 굽혀 인사를 하신다

희망사항

(불운은 나의 꿈!)

불가해한 세상 너에게 탑승하여

불온한 기호로 시동을 켜고

불미함까지 속도를 내다가, 속도를 버리다가

불민한 나라에

불시착하기.

불법체류하기.

그리움의 사칙연산

그리움에그리움을더하면두개의그리움이되고

그리움에그리움을곱하면두곱의그리움이되고

그리움에서그리움을빼도그리움은남는다

그리움을그리움으로나누어도그리움은남는다

남는그리움에또다른그리움을더하고

더해진그리움에또다른그리움을곱하고

그리고빼고또나누고나누고또빼고

떡주무르듯주무르는그리움자꾸손끝에묻는다

커다란 나무인 너

세상은 잎사귀 많은 커다란 나무이고
나는 그 중의 아주 작은
한 잎일 뿐

어느 날 땅 밑으로 아뜩하게 떨어져
한 겹 날개처럼 우지끈 부서질 때,
한 잎인 내가 다 뽑혀져
미풍에도 휘청 몸이 접힐 때,
겨드랑이 밑에서 열심히 팔랑거렸던 나를
거들떠보기는 할까?

아주 커다란 나무인 세상아 애인아

이별을 위하여

날렵한 너와 두툼한 내가 함께 한 보행의 끝에 대해 알고 있었다 처음부터 너는 담기는 발에 맞추어 늘어나는 비닐 구두 아니었으므로 넓적한 나 때문에 찌푸리던 미간 깊게 자리잡힐 때 끝내 무너질 견고한 틀에 대해 알고 있었다 헐떡거리더라도 낙낙해야 했었다고 앙가슴 풀고 누운 보도 블록 위에서 경쾌한 소리 똑똑 따낼 때 발치께로 몰려들던 아우성 그 즐거운 죄과에 대해 알고 있었다 수차례 들락거리던 수선집의 좁은 형틀에서 참아내던 형량들. 짬짬한 구류 끝에 결국 받게 될 유예 없는 선고宣告여! 너의 옥죄는 고집에 맞서 부어오르던 발등과 발가락 마디마다 웅크려 앉은 티눈과 걸음마다 따라오던 욱신거림 앞에서 독백처럼 뱉어낼 말 알고 있었다 너와의 헤어짐이 결국 다른 너와의 만남 되더라도 화인火印 같은 상처 맨몸으로 진저리치면서 내가 너를 벗었어야 했는지 네가 나를 벗어내야 했었는지

분리 수거

일회용 컵라면 용기 깨진 도자기 등의
일반 쓰레기는 규격 봉지에
신문지 우유팩 유리병 플라스틱류는
재활용 박스에
음식물 쓰레기는 물기를 빼고
색이 다른 규격 봉지에

삐걱이는 의자와
저 혼자 웅웅 소리를 내며
우두커니 적막을 지키던 냉장고와
여닫기를 멈춘 장롱과 화장대는
품목별 스티커를 붙여 거리에

가슴에서 와글거리던 꿈과
와글대다 깨지고
물기 다 빠져 내 안에

켜켜히 눌려진 절망들은,
자주 삐걱이던 기다림과
우두커니 남은 슬픔들과 이제는
귀가 맞지 않아
열리지 않는 시간들은 어떻게?

그대여!
사랑하면서 우리가 소비한
이 그리움 나부랭이들은 어떻게?

각종 폐유와 매연 유독 가스 오염된 지하수 중금
속 산업 폐기물과 온갖 음식 쓰레기 맹독성 농약
식수원 오염과 무단 방류 폐수 때문에 오존층 파
괴 때문에 지구地球는 심각하게 끙끙거리는데

고작 한 그릇의 비애를 가지고 나는 반평생을 쩔쩔 매는구나

새로 빚은 그리움을 잡아당기다

창문을 열어젖힌 버스

느릿느릿 지나다

오랜 가뭄

나뭇잎 한 장 펄럭이지 않다

하늘은 구름

접었다 폈다 반복하다

누수 한 방울 없다

햇볕이 몸 큰 짐승처럼 어슬렁거리다

적요가 도시에 가득 붐비다

풍경의 바깥

낯선 기호 선회하다

푸른 그림자

성큼 들어서다

풍경의 안쪽

와짝, 깨지다

석류

붉은 속살
툭, 툭 불거지는

너를 바라보다
빠알갛게 들킨다.
쩍, 쩍 벌어지고 싶은
이 화냥기

약사略史

나는 1963년에 일어나서 1970년에

집을 나섰습니다. 미풍이

태워주는 그네에 까딱 까딱

졸음과 노는 민들레 노란

봄길을 걸어 구구단을 외우며 새 잎의

나무가 불러주는 희망을

받아쓰기하면서 '무궁화 꽃이 피었습니다'

느릿느릿 세면서…………

………… 중간 약略 …………

………………………제복의

시간에게 거수,

거수 경례하면서 수위를 넘은

폭염과 장대비, 1980년 그

아비규환의 강물에 생각을

빨아 헹구면서 5공 6공

먼 바다의 풍랑에도 마음의 돛

찢겨 펄럭이면서 1990년대식

붕괴와 실종을, 몇 잎 남은

순결을 가처분 신청하면서 절망과

허망 사이 수없이 발목 빠뜨리면서

해가 지는

학교 운동장엔 아직도

그리움의 보조가방

조몰락거리고 서 있는

하교 못한 내 그림자 어슬렁거립니다.

선데이 서울

그 여자는 너무 쉬운 문장 아무나 눈을 돌려

흘끗 훔쳐 읽기 좋은 여자

가판대 앞 선 채로도 후루룩 읽혀지는

펜팔구함경기도고양시합정동68번지이름장대혁

나이19세직업학생전화354-1865가 이데올로기의 전부인,

물리 공책과 「수능 완전 정복」 사이에 낑겨 있다가 킥킥

돌려지던 여자

사랑방 보료 밑에 오래 깔려 있던

자랑스런 대한 남아 조병익 병장 침낭 속에서

며칠 밤 불침번 서는 여자

때로 서울―순천행 고속버스 뒷좌석 그물망에 걸쳐 앉았다가

본격적으로 읽혀지기도 하는, 그러나 대부분

단숨에 읽히고 거침없이 툭, 버려지는 여자

버려져 다 찢겨지고도

몇 차례 더 읽혀지는

너무 쉬운 여자

아무에게나 배시시 눈꼬리 흔드는

늦여름 패랭이 같은

시대여! 시여!

오후 세 시

오랫동안 사용하지 않았던
수도꼭지를 틀어본 적이 있으신가?
다가와 나를 틀면 저렇게
서른 넘은 노처녀의 생처럼 퍽, 퍽, 퍽
소리를 먼저 엎지르고
쏟아질 것만 같다.

내 오랜 침묵의 꼭지를 틀러 오시라
퍽퍽한 적막을 먼저
홍건히 엎지르고
끝내 잠기지 않을,
다 열어진 내 오관을 그대여
잠그러 오시라

불에 놓다

내 들쭉날쭉한 날들을 감고
잠자던 묵은 이불을 떼어
불을 놓는다. 소각장에 널브러진
몸집 큰 짐승이 입을 크게 벌리며
소리도 없이 울부짖는다

바람이 큰 몸을 들썩일 때마다
한 번씩 뒤척이며
덜 구워진 제 몸을
환한 울음의 바깥에
들이댄다
알록 꽃무늬 몸피를 뒤집어
까만 속살로 바꾸어놓은 후
목청을 거둔다
언제 그렇게도 큰 포효를
가진 적이 있었냐는 듯

음표를 거두고 나서 그는
한껏 조용해진다

소멸에 든다는 것,
때로 제 관절을 툭툭 분질러
불에 놓고 타악기처럼 저렇게
타닥타닥 두드리다가 사라지는
이[齒] 아픈 소멸도 있다는 것,
물기 다 빠진 마음의 소로小路에
성냥을 그어대고 배추흰나비 호로롱
날아가버리는 저녁답에 서서
묵은 것들이 내는 소리의 뼈를 본다

건망증에 대하여 · 2

—아이들은 날마다 잠 속에서
생각 하나씩 집어 나오고
어른들은 하나씩
묻어두고 나온다?

누군가 자꾸

나를 털어간다

공중 전화 카드,

동전 지갑

처음엔 이런 걸 노리더니

대담해진 놈이 차차

주민등록번호나 옛집의 주소까지

그 집에서 자주 찔리던

떫은 이름까지 손을 댄다

몇 잎 남지 않은

희망도 더는 장담할 수 없다

구석구석을

샅샅이 뒤지는 솜씨로 보아

내부 사정을 잘 아는 자의

소행이 분명하며, 놈의
절도 행각은
언제 끝을 볼지 모를 일이다

누군가 자꾸 나를 털어간다

축! 유산

1

네 애비

불온한 이름의 절망이

화대처럼 묻어놓고 간 詩, 너를 껴안고

너 위하여 생수 같은

너를 위하여

불어 재우고 깨워 지키며

내 속에 너를 품어 오래 오래

견디렸더니, 잔뜩 부푼 너

고통스럽게

고통스럽지 않게

세상 밖으로 밀어

쑤욱 밀어

젖 물려 주렸더니

뿌리 못 박고 헐어 내리는

여물기 전의 낙하, 하릴없는

詩,

詩,

詩

오, 배은망덕의 내 새끼들.

2

그날

자궁 속으로

어머니가 머리 디밀며

들어왔다

아버지도 왔고

남편도 왔고

사남매나 되는 동생들이

할머니를 모시고 들어왔다

달이 눈 가리고

질금거리며

출렁대는 별
깨어 있는 달맞이꽃
노란 얼굴 데리고

허물어진 자궁을
구경하러 모두들
비좁은 슬픔 속으로
머리 처박으며 들어왔고
그날 나는 열한 번이나 분만하는
행복한 꿈 꾸었다

3

외벽의 충격에 자궁 내벽은 헐어 내리고 금속성의 메스가 너
덜거리는 잔해들을 긁어낸다. 수술대 위의 꿈들은 꿈틀거리고,
마취 깨어도 세상은 좀처럼 깨어나지 않았다. 어머니는 유산流産
도 출산과 같다며 칠십 몇 년이라고도 하고 오십 몇 년이라고도

하는 불볕 더위 속에 전기 코드를 꽂고 온몸 철철 진액 쏟게 하
신다
　내 몸에서 떠난 아이와 세상이 버린 말이 땀을 쏟는다. 칠십
몇 년이라고도 하고 오십 몇 년만이고도 하는 폭염 속에는 몸을
버린 말들이, 절절 끓는 전기장판 위에선 전역全域이 꿈틀거리
며 몸조리, 몸조리 중

고장난 전축

이삿짐 꾸리다 본다

세상과 교신 끊기고

음울한 노래 독백처럼 웅얼거리다 그친,

침묵 시끄럽게 붙들고 있던 잠깐 사이

담을 수 없는 열망들 쨍그렁거리며 깨져 나가던,

목에 걸린 소리 다 흩어지고 사라져

실을 수도 내다버릴 수도 없는

겉 멀쩡한, 덩치 큰 나

울, 울고 싶어

땅바닥에 털, 썩 주저앉아

오른발 왼발 번갈아 뻐, 뻗대며

눈물 뚝뚝 흘려가며

그 떨어지는 눈, 물 두 팔로 쓱쓱

후, 훔쳐내며

바람이 쓰, 다듬고 가는 머리채를

열 손가락으로 쥐, 어뜯으며

쯔쯔 혀를 차고 돌아서는

뒷짐 진 세월에다

욕, 욕지거리 나즉나즉

퍼부우며 울, 고 싶어

이 목숨 부, 서지도록

어지러이 돌고 시, 싶어 갈라지는 목, 청으로

깨, 깨뜨리고 싶어

세, 상 고막 뭉청뭉청

깨진 소리 이고 지고 네게로 가고 싶은,

방기된 몸통에 붉은 등 켜고 희번덕거리던 시간

쿵쿵 울리며 걸어가고 싶은,

묵은 세월 탈탈 털리우고 다만

그리운 노래로 네 귓전에 한껏 붙들리고 싶은

고장난 전축. 나

병유기 病遊記

부쩍 자기에 열중하는 남편과

생산 없는 딸자식에 사돈 뵐

면목없다는 육친과

이유식에 바쁜 동창들과

그밖의 여러 곳에서 만난

신사 숙녀 여러분 중에

놀아주는 동무 없어 병을 불렀네

나처럼 웅크린 그를 불렀네

그는 나를 간지르고

쿡쿡 찔렀네

그가 옆에 있었고 나는 웃었네

내가 웃을 때마다 몸 속에 숨어 있던 소녀가

창문을 열고 까르륵, 까르륵 함께 웃었네

빈방에 나란히 누운

그가 내쉬는 들숨과 날숨으로 나는

순식간에 연약해졌네.

내 연약한 슬픔이
가는 잎처럼 떨렸네.
위독한 사랑은
내 망명 정부,
제 불꽃으로 제 몸을 지우는
양초처럼
나는 아득히 남은 목숨을 지우고 싶었네.

팔랑이는 웃음을
오래 울고 있었네

4

새 잎 나다

1

저마다 각자의 잎사귀 팔랑대는 무림산중에 서 있었다. 바라
보기에도 지친 나는 잎 잎 부딪히는 리듬을 더는 들을 수 없었
다. 알몸을 훑고 가는 공허한 바람 소리 부끄러워 전전긍긍하고
있었다. 잎과 잎을 밟으며 팔짝팔짝 뛰어 노니는 햇살과 말갛게
뭉쳐진 이슬과 그들에게서 맡아지는 푸른 냄새가 갖고 싶었다.
북적이는 저녁이면 지상 위 단 한 채의 집, 나도 창 밖으로 터질
듯한 불빛을 내보내고 싶었다. 그러던

어느 한낮이었다. 햇빛이 가지 끝에서 무료함과 떠들고 있었
고, 나는 갑자기 옆구리가 가려웠다. 돌아보니 가을이었다. 초
록을 닫으며 버석이는 사랑방으로 들어가던 갈참나무 오리나
무 단풍나무가 내 옆구리를 가리키며 일제히 소리치기 시작했
다…… 새 잎이었다.

2

그 깜깜한 방 어떤 분장실에서

너 그렇게 갖춰 나왔지?
소품 같은 눈 코 입 속눈썹까지
빠짐없이 챙겨 나와
젖을 찾아 무는

3
잎이여 네가 생겨나
나 되려 근심거리에
비명 지른다
바람으로 네 살갗 트일세라
행여 실족失足할세라
햇빛에 따가울세라
비오면 슬프게 젖고
눈오면 하얀빛에
눈 찔릴세라
손 시릴세라

잎이여 네가 생겨나
없던 근심보다
더 큰 근심

네 얼굴, 몸통
팔 다리에 손바닥
발자국마다에
전전긍긍을 한 바닥씩
매달아놓는다

4

　슈퍼를 끼고 도는 옆 골목에서 갓난아이 하나 자지러지게 운
다. 잠으로 포근히 덮지 못하는 아이의 목청이 한밤을 찌르고 골
목을 돌아 불 밝힌 나의 귀에까지 건너온다. 내 곁에도 나란히
누운 아이 있다. 파란의 만장 속으로 갈기 세우며 귀환한, 어둔
터널을 내달려온 특공 대장이다. 곤한 싸움에 잠시 숨 돌리는

그에게 새 지도를 펴 보인다. 아가야. 새롭게 돋아난 꽃잎아 네
가 무찔러 갈 삶은 이제 여기 폐허부터 시작이다

나의 식생활

생후 십 개월 된 내 아가는
뚜껑을 열고 열흘을 넘기지 않아야 하는
조제분유만 먹고
생후 삼십오 년 십 개월 된 나는
뚜껑 열고 보통 십 년이 지난 것을 잘도 먹어요

아가는 세 시간을 지켜 먹여주고
나는 주로 시간에 관계없이 먹어요
네 끼도 되고
다섯 끼도 되고
아주 종일 우물거리며
먹을 때도 있어요. 내가 먹는
음식은 달짝지근하기도 하고
들큰쌉쌀하기도 하고요 그 중
시큼털털한 것이 맛으로는 제일
오래 남지요

기억 밑창에 너무 오래 있었던
유효기간이 훨씬 지나 있는 것들이
대부분이고요 모습을 알아볼 수 없이
변질된 것들도 더러 있어요
그런 곰팡이 핀 시간들을 날마다
뒤적여요.
기억의 벽장에 넣어두고
남몰래 꺼내먹는 추억의 맛.
생후 삼십오 년 십 개월치 식단에는
언제나 당신들이 있어요

태중일기

1

엄마는 오늘도 내게
동화책 두 권과 엄선 클래식을
세 번 이상 들려주는 등의
최선을 다했다. 나의 최선은
쑥쑥 자라는 것. 자라서 불현듯
배반으로 생을 굽어볼 수 있는 것.
더러 그녀의 살풋한 잠을 말똥말똥
지켜주기도 했다. 태중에서
내다보는 알록달록한 세상으로
며칠 비 내렸다

2

며칠째 비 내리고
아무에게도 전화 걸지 않았다
몇 시간씩 달콤한 잠에서 깨어나서는

다시 얕은 잠에 들었다. 더는
고요할 수 없는 고요가 내 속에
웅크리고 앉아 비 내리는
바깥을 내다보고 있었다. 세상의
바깥이 확장될수록 의식의
안쪽은 더욱 비좁아가고

비좁은 의식의 베란다에 관음죽 한 그루
최선을 다해 삐뚜루미 자랐다

어디만큼 왔니

눈물 흘릴 줄 모르던 그니의 등허리는
그래서 더욱 눅눅했네. 착한 언니
등에 업혀 듣던 습기 많은 노래
—어디만큼 왔니?

가는 어깨 위에 으스름 달빛 무동 태우고
잎새처럼 무성한 별 이마에 꽂은 채
반쪽씩 기울어지던 하늘 바라보며 묻던 소리
—어디만큼 왔니?

다리 아픈 언니에게 봄은 없었네. 웃자란 보리처럼
금세 꽃을 피우고 그니는 곧 여름이고 가을이었네
슬픈 언니 나를 업어다
어느 가을 낯선 시간의 끄트머리에 내려놓고
가버렸네. 서릿발 몰아올 듯
차가운 바람 맨 얼굴에 맞으며

나는 여태 두리번거리네

어디만큼 갔나
어·디·만·큼·갔·나

배웅

미처 정신을 추스르지 못한 가등마다

어둠 드문드문 베어져 있던 미명의 새벽,

혼자 가야 할 길을 엄마는 한사코 따라 나오셨다.

무거운 내 생각의 가방을 대신 이고 지고

자꾸 미끄러지려는 세습의 빙판길을

앞서 걸으셨다. 어깨를 바짝 붙인 낮은 대문들,

제 속을 하얗게 게워낸 연탄재 더미들을 걸었다.

절망이 환하게 일가—家를 이룬 공터,

울음 새는 창가도 걷고

돌아가기에는 너무 가파른

슬픔 몇 개도 내려 걸었다.

만국기 펄럭이는 가을 운동회

구멍가게 앞 김이 모락모락

오르는 공복의 시간을 걸었다.

높은 담장에 내어 걸린,

꺾지 못한 그리움도 걷고

좁은 골목이 끝나는 금성전파사 앞

불쑥 귀 안에 들어온 노래처럼

온종일 한 남자를 웅얼거리던 연애를 걸어

꽃처럼 피는 상처를 걸어

상처가 키운 고통이 오래 삭은 단술처럼 차 오르는

통증의 연대를 걸어 걸어서,

내 배웅할 아이를 만나러 가는 길.

엄마는 스물여덟까지 나를 바래다주셨다.

더 따라나서지 못한 걸음 오래 남아

기우뚱, 한쪽 허공 기울여놓으신다.

이사

　자식 다섯 공부시키면서 주저앉혔던 어머니의 세월들을 추슬러서 이사를 한다. 마당가에는 고개를 외로 꼰 이삿짐들이 누더기 옷을 입은 채 햇살 아래다 퍽 눈부신 얼굴, 매일 만나던 숟가락 젓가락에서 다듬이 방망이 절구공이까지 내놓는다.

　속속들이 찡겨져 있던 물건들이 목덜미 잡혀 끌려나올 때마다 낯익은 시간들이 퉁겨져 나온다는 듯 물려 입히던 배냇저고리 들고 만지작거리는 어머니는 주름살 없는 스무 살의 시간에 서 있고 딸만 낳은 어깨에 아버지가 덮어주던 이불에는 쥐오줌 같은 시간들이 군데군데 묻어 있었다. 세월의 풍화 탓이었을까. 품에서 쌔근거리던 꿈들이 한 꺼풀씩 살비듬처럼 허물어져 움직일 때마다 먼지처럼 풀풀 일어선다. 연탄 갈아넣을 때마다 쿨럭거리던 어머니. 그 열아홉 구멍처럼 가슴이 숭숭 뚫리던 겨울이면 타버린 연탄재처럼 삭아 내릴 것 같았지.

　퍽퍽 퍼 올리던 우물에서 꼭지만 돌리면 물이 쏟아진다고 좋아하시더니 우리 어머니 이제 손잡이만 올리면 물이 나오고 내리면 입을 다무는 새 물가로 이사를 간다.

새 집으로 가는 이사인데 허접쓰레기는 제발 좀 떨구어버리
라고 딸들은 성화대지만 햇빛 아래선 누구나 누추한 거야 어머
니는 열심히 2424 트럭에 그 누추한 몸들을 줄맞춰 앉힌 후 당
신도 그 안의 한 몸이 된다. 노끈 하나 쥐지 않은 빈집만 허물처
럼 벗어놓고 정작 돌아보지 말라고 등을 미는 어머니의 눈에는
금세 별빛 몇 개 내려앉는다.

어머니!

세월은요?

어머니 세월 챙겼어요?

이사 그후

어머니는 날마다 닦으신다. 네 귀퉁이 보이지 않던 당신 삶의
구석구석 거울에 비친 어머니 주름살을, 오십 줄 넘어 장만한 삼
십 평 아파트 당신의 열등한 인생을 닦으신다. 안방으로 유년으
로 외풍 세던 시절들로 들어가면 여생을 거기서 다 보내시려는
듯, 과거로 간 어머니의 청소가 좀처럼 나오지 않는다. 내다 버
리마고 갈피 갈피의 설움들 챙겨 나와서는 다시 둘둘 뭉쳐 제자
리에 쟁여놓는 의식도 거르시지 않는다. 낮잠에 취한 날 저녁 으
스름 꿈결인 듯 내 유년의 어머니는 언제나 붉은 녹물을 퍼 올리
고 계셨지. 끝없이 올라오는 그 붉은 물처럼 끝도 없이 퍼낼 것
이 있다는 듯 부엌으로 다용도실로 고혈압으로 들어가서 다시
울컥 건져올리는 슬픔들 오늘도 어김없이 어머니는 눈물 한소끔
으로 청소를 끝내시려나 보다. 한 발 더는 딛지 못하고 이내 마
음이 흐려지는 어머니의 청소, 얼룩들 번갈아 눈앞에 달겨든다.
거품 넉넉히 풀어 닦아보는 자식들. 얼룩에 갇혀 저무는 한 생!
　거실 한쪽 고개 수그린 늦은 가을에 몸을 넓힌 빈칸들 모여
서 있다.

어떤 릴레이

트랙을 돌던 아버지가 힘없이 쓰러졌다. 뼈대 없는 가계의 발목이 그를 잡았다. 아버지를 따라 돌던 함성도 쉽게 스러졌다. 일어나세요 아버지 다시 달리세요 어서. 우리의 안타까운 응원은 그러나 물 속 같은 아버지의 시간을 먹먹히 지나쳤을 뿐, 손에 들려 있다가 어딘가에 처박힌 절망과 함께 그의 질주도 거기서 조용히 멈춰졌다. 다음의 주자, 내 질주의 처음은 아버지 무르팍의 상처로 뒤돌아가는 것. 그 나중은 피 흘리는 아버지의 생을 완주하는 것이었다. 따라잡을 수 없는 거리의, 앞질러간 세월들의 서열은 이미 정해졌다. 트랙을 돌던 깜깜한 마음이 허청거렸다. 제 마음 하나 밝힐 수 없었던 허망의 극지에 처박혔다. 헐떡이는 심장을 하얗게 비추며 화한 통증의 극점으로, 다음 주자가 나를 향해 뒤돌아오는 것이 보였다.

어느 봄날

우물같이 깊은 방에 들어가 잡았던 손 놓으신다. 애야 애비같이 깜깜한 이 어둠을 견디며 너를 견뎌라 몇 잎 바람 부려놓고 문을 나가신다 싫어요 아버지 헐거운 그의 등에 대고 나는 불을 켠다 사방 팔방 빛 투성이인 방안을 왜 이리 어둡게 만드신 거야 거실 안방 식탁 위 촛불까지 켜고 앉는다 세상은 참 밝기도 해라 무겁던 관념들이 하나 둘 가벼워진다 먹물 같은 어둠이 활활 날아간다 아버지의 염려는 이런 가벼워짐이었을까 터널 같은 어둠에 웅크려 앉은 그의 기다림이 좀체 보이지 않는다 면벽한 아버지의 그리움이 보이지 않는다 아버지가 입혀준 두꺼운 우울을 벗는다 힘겨웁게 밀고 온 그의 생애인 내가 비로소 깃털처럼 사소해진다 이젠 함부로 서로를 엎지를 차례야 바깥쪽 베란다 너머 누군가 잔뜩 엎질러놓은 상처가 저들끼리 간지럼 태우며 시시덕거리는 아직 봄이 아닌 어느 봄날에

당고모

　열일곱에 집을 나간 그녀는 스무 해가 지나서야 집으로 돌아
왔다. 무당이 되었다 했다. 사진 속에서 웃고 있던 숱 많던 눈
썹을 어디다 다 떨구고 문신 자욱 선명한 눈으로, 하얗게 바랜
기억의 문지방을 넘어왔다. 밤부엉이 소리가 여러 번 뒷산을
울렸다.

　댓잎이 사운거리는 밤이었다. 방안에 모인 친지들은 그녀가
풀어놓는 설움의 타래에 느릿느릿 풀리고 있었다. 천장 아래 낮
은 소리들이 수차례 너운거렸다. 잠깐 날개를 쉬는 듯 밤새들이
둥지에다 한껏 부리를 부비는, 들창 너머 야윈 달이 하얗게 입
김을 불고 있었다.

　빈 장독을 훑고 가는 바람 소리를 듣다가 아이들은 모두 잠이
들었다. 얼마나……한 ……울……보고……쁜 자식……
그……보따…… 잠깐씩 다녀가는 그녀의 쉰 울음이 우리의 잠
을 다 집어가진 못했지만 지워진 테잎의 중간 드문드문 살아남
은 소리처럼, 너무 꼭꼭 숨어 찾지 못한 술래의 울음처럼 간혹
거칠게 흔들다 가곤 했다. 늘보원숭이처럼 눈을 비비면서 우리

는, 그녀가 너무 멀리 다녀왔음을 그리고 너무 멀리 다녀온 사
람들은 저렇게 재미없고도 긴 이야기책을 오래 오래 넘기며 읽
어줘야만 한다는 것을 알아채었다. 여섯 살, 어느 길었던 밤의
일이었다.

슬픔이 한 점으로 왈칵 꺼지네

전원을 넣으면 슬픔이 환해지네 제 빛깔과 제 소리를 내지 못
하는 구형 텔레비전, 돋보기 쓴 슬픔이네 채널을 이리저리 오래
조절해드리면 생각 한 면 빼꼼히 틀어주시네 한때 우리는 그녀
가 방영하는 프로 앞에 빙, 둘러앉아 그녀의 통치제국 영원한
신민임을 맹세하곤 했네 직립의 시간들 꿇어앉히곤 했네 키가
자라고 하나 둘 국경을 넘어 각각의 다른 텔레비전에 빠졌네 때
로 돌아오지 않았네 그런 밤이면 어둠 속에서 지지직 자신의 몸
을 긁고 있던, 한 번도 스스로 *끄지* 않으셨네. 구석의 엄마

다리 힘 잃은 수동재봉틀처럼 조용히 덮여 잠 오지 않는 밤마
다 종영된 꿈들 천천히 돌려보네 깊숙이 넣어두었던 색바랜 생
각들 개켰다 펴고 다시 개키네 맹세 잊은 신민들 건너와 한 번
씩 그녀를 켜보는 날 오래된 연속극처럼 웃으시네 씀벅씀벅 거
뭇한 생 앞에 반반한 시절 다 잘리었네 얼룩이 환하게 피네. 윗
목의 텔레비전

전원을 뽑으면, 슬픔 환한 엄마가 한 점으로 왈칵 꺼지네

오자 誤字

아버지가
그의 생애 안쪽에다
나를 기록했네
무수히 지웠다 다시 적은
입성 고운 글자였네

그가 입혀준 문장은
그러나 너무 무거워
나는 읽히기도 전에
잊혀졌네. 노래가
되고 싶었으므로 나는
그의 문법을
받아 적지 않았네
자주 아버지를 나와
문장 바깥을 걸었네

글자의 힘은 오래
견디는 것이라고
굳이 가르치지 않던 아버지
오자誤字인 나를
지우지 않으려고 당신을
통째로 수정했네

문맥이 다 흐트러진
초로의 아버지
구부러진 등으로 당신의
키 낮은 구문을 닫아거네

아름다운 오자 하나
아련히 거기 있네

설움을 핥다

십 년 한솥밥 먹은 그가
나에 대해 너무
많은 것을 알고 있다.
얌전히 저녁 설거지 마치고
방문 닫고 기다렸다가
곤히 잠든 몸을 몰래
빠져나오는 나를 알고 있다.

잠든 나를 빠져나온 내가
휘영청 몸 밝힌 것들에게
얼마나 오래 짖어대고
서 있는지
킁킁거리며 돌아다니는 에둠길
얼마나 많은 처연함과
흘레 붙고 돌아오는지

겹겹이 닫혀 있던
속문, 중문, 대문을
삐그덕 열고 나갈 때
짖지도 않고 길을 열어주는 그가
밤마다 신발도 없이
쏘다니는 나를 알고 있다. 오늘은
침모針母의 소생이었던 전생까지
다녀오느라 피고름 범벅인 맨발에
코를 묻고 킁킁거린다. 그도 나랑
같은 생에서 살다 왔다는 듯
그리운 냄새가 그 안에서 풍겨 나온다는 듯

내가 밤새 핥아대다
돌아오는 설움이
이미 누군가 다 먹어치워버린
빈 그릇이라는 것!

그것도 그는 알고 있다.
겹겹이 닫힌 문을
삐그덕 열고 나가는
그도 그가 아닐 때가 있다.

누수

어느 시절의 노즐이 갑자기
헐거워진 걸까
할머니가 정신을 조금씩
흘리기 시작했다
아무도 없는 실내에 수돗물
제 혼자 떨어진다

스물 여섯 청상
수절 이데올로기에
너무 오래 감금되었던,
스스로 걸어 들어가 문을
잠그고 나오지 않던 할머니.
그 깊고 오랜 감옥의
바깥으로 순한
짐승처럼 눈물
떨어뜨린다

꼭 막아두었던 고통이 헐거워진

기억을 타고 흘러내리는 소리.

너무 오래 상실을 살다
―유춘희의 시세계

장석주 | 시인·문학평론가

'나'는 애매하다. '나'는 흔히 살아 숨쉬는, 눈에 보이는 유일한 몸―주체를 가리키는 것이지만 그 이상의 무엇이다. '나'는 몸―마음이며, 몸―살이의 주체다. 무수한 '너', '너', '너'…… 그 '너'의 세계와의 의사소통을 시작하며 비로소 '나'로 태어난다. '그것이 있었던 곳'을 실재實在라고 말할 수 있다면, 우리는 다름 아닌 실재를 사는 것이다. 불확정성의 무의식이 주체의 삶으로 전환되며 현현되는 곳, 즉 존재의 장소가 바로 그 실재다. 라캉은 말한다. "그것이 방금 있었던 곳, 그것이 잠시 있었던 곳, 아직 타오르는 소멸과 지연된 탄생 속에서, '나'는 생겨나고 내가 말하는 것으로부터 사라진다"라고. 타오르는 소멸과 지연된 탄생 사이, 나타났다가 사라지는 그 순간의 결절점 위에 실재가 생겨나고, 우리는 실재라는 그 기반 위에서 삶을 작동시키는 것이다.

실재를 확보하지 못한 채 세상과 대면하는 것이 존재의 유산流産이다. 유산이란 실재로부터의 소외, 즉 자궁벽의 태아가 주체의 범주라고 부를 수 있는 것을 미처 확보하지 않은 채 세상으로 나오는 것이다. 탄생과 죽음이라는 비동시적인 것의 동시적 결합이다. 실재를 거머쥘 수 있는 '사이'가 없기 때문에 여기 '나'는 없다. 없음이란 의미의 영도零度다. '불온한 이름의 절망이 화대처럼 묻어놓고 간' 것, 그것은 치욕이다. 시인은 그것을 끌어안는 자다. 그 고통을 사는 자다. '여물기 전의 낙하', 그 유산된 시, 혹은 삶을.

네 애비
불온한 이름의 절망이
화대처럼 묻어놓고 간 詩, 너를 껴안고
너 위하여 생수 같은
너를 위하여
불어 재우고 깨워 지키며
내 속에 너를 품어 오래오래
견디렀더니, 잔뜩 부푼 너
고통스럽게
고통스럽지 않게
세상 밖으로 밀어

쑤욱 밀어

젖 물려 주렸더니

뿌리 못 박고 헐어 내리는

여물기 전의 낙하, 하릴없는

詩,

詩,

詩,

오, 배은망덕의 내 새끼들.

—「축! 유산」

어느 시집에나 시인의 자아를 보여주는 은밀한 아이콘이 숨어 있다. 이것은 무의식에서 나오는 것이어서 시인 자신도 때로 알아차리지 못하는 경우가 있다. 유춘희의 시집에서 나는 시인이 숨겨놓은 무의식의 아이콘 두 개를 찾아낸다. 그 하나는 위의 유산하는 '태아'이고, 다른 하나는 '간판 허름한 횟집 수족관 안에서 / 어떤 적을 경계하려고 저 게는 딱딱한 / 갑옷을 벗어놓지 않는 걸까'(「근황」)에 나오는 딱딱한 갑옷을 입고 있는 '게'다. 죽은 태아와 게. 이 아이콘은 무의식의 내막과 배면에 스며들어가서 자라나는 효모다. 이 효모에 의해 시인의 상상세계가 세상을 향해 넓고 크게 발효된다. 이 아이콘은 무의식을, 감추고 드러내거나, 때로는 확장하고 축소하는 형식으로 작동한다. 죽은 태아는 미처 받지 못한 생명과 사랑을 수혈 받으려는 헐벗은 자아다. 이 자아는 끊임없이 사랑을 찾아 떠돈다. 생명과 사랑을 찾아 '피고름 범벅인 맨발'(「설움을 핥다」)로 전생까지 뒤지고 돌아다닌다. 또 하나의 아이콘인 게는 상처받지 않기 위해 딱딱한 갑옷으로 자신을 방어하고 있는 자아, 망설이는 자아다. 이 자아는 '어서 시력이 떨어져 / 보지 않아도 될 것과 / 보아야 할 것도 더러 안 보고 살 수 있는 / 침침한 세월 왔으면 좋겠네'(「근황」)라고 노래할 정도로, 세상에 대한 낙담과 환멸을 내면화하고 있다. 하지만 딱딱한 껍데기의 안쪽은 부드럽다. 그 안쪽에는 '끈끈한 욕망의 노래'가 메아리치고 있으니, 미지의 남성—타자를 향해 '내 안의 너를 / 꺼내어 가라'(「마주앙을 들고 와라」)라고 요청하기도 한다.

현대 한국 여성시의 계보학에서 유춘희의 시는 최승자 · 김혜순 다음의 세대에 해당한다. 문학사에서 여성시는 정전正典이 된 적이 없다. 여성은 타자, 사회적 마이너리티, 약자, 비주류, 변경, 문 밖에 있는 자, 뿌리뽑힌 자이고, 따라서 여성 문학은 늘 소문자로 쓰여지는 문학이다. 여성의 삶이 자발적 기투企投의 삶이었던 적이 없었기 때문에 여성에 의해 쓰여진 것들은 늘 외경外經, 위조본, 혹은 있어도 그만이고 없어도 그만인 부록의 처지를 벗어나지 못한다. 월경의 피를 찍어 쓴 여성 문학을 식민지의 문학으로 규정하는 것은 그런 점에서 정당하다. 월경의 피를 찍어 쓴 시. 코르셋으로 옥죈 몸으로 쓴 시. 유춘희 시인의 표현을 빌리자면 여성 문학은 논문의 당당한 본문이 아니라 기껏해야 논문에 몸통에 따라붙는 꼬리와 같은 '각주'이고, '난외 주기'다. '에둘러 오는 동안 / 그새 각주가 많이 붙었다 / 그러므로 나는 진술되지 못하고 / 다만 해석된다', 혹은 '빛나는 오해가 난외 주기로 / 필기되기도 한다'(「온유한 독서」). 여성은 호명하는 자가 아니라 호명 당하는 자다. 유춘희의 시는 여성의 목소리를 내고 있지만 적극적 페미니즘을 실천하는 시는 아니다. 엄격하게 말하자면, 유춘희의 시는 '여성 문학'이기보다는 '여성에서부터 출발하는 문학'이다.

더 저질러야 할 과오가
내 안에 무수히 자라고 있다.
감히 말하거니와 나는
울음과 남루와 공복의 적자嫡子요,
부재와 열등과 눈물의 제자였다.
너무 오래 상실을 살았고
풍문으로 세계의 운명에
개입해왔다. 세상에 대한 모든
혐오는 왜 그처럼 단단한가.

밤이면 부쩍

이 오래된 혐오를 할퀴고 싶다.

너무 오래 상실을 살았다니! 상실의 결과는 가난과 메마름이고, 소진이다. 그것은 약탈과 착취, 방화에서 비롯된다. 어느덧 풍요로운 내면은 바닥을 드러낸다. 시의 화자가 키워온 것이 여성 본능과 잠재적 가능성, 영성靈性과 관능을 바닥내버린 주류―주체, 사회―권력에 대한 혐오와 공격성이었음이 밝혀진다. 그 공격성은 미약하다. 그걸 깨고 부수는 것이 아니라 겨우 '할퀴고' 싶을 뿐이다. 그것은 주체의 힘을 해체시킬 만큼 파괴적이거나 치명적이지 못하다. 미약한 저항에 그치고 마는 것은 혐오가 자기 안에 갇힌 수동적 공격성이기 때문이다. 세계 전복에의 의지를 낳는 것은 주체를 차고 흘러 넘치는 분노다. 유춘희의 시적 화자들은 혐오할 뿐이지 분노로 나아가지는 않는다.

다시 한 번 이 시를 들여다보자. '과오'와 '혐오' 사이에 여성성이 구현된 삶이 있다. 그 사이에서 여성성의 젖을 물고 양육되는 삶은 무수히 자란다. 여성성의 영토 확장과 성장을 바라보는 눈은, 그러나 염려스러울 정도로 부정적이며 염세적이다. 그것은 '울음과 남루와 공복의 적자'이며, 또한 '부재와 열등과 눈물의 제자'인 삶이라고 말해진다. 시의 화자의 시간은 '밤'이며, '손톱'을 깎고 있다. 손톱은 다른 시에도 한 번 더 나온다.

‘저마다 붉은 상처를 / 매달고 서 있던 무수한 당신 / 그때 저는
막 자라나는 손톱으로 / 당신을 긁으며 지나왔습니다.’ (「주소 · 3」)
남자가 할퀴거나 긁는 데 손톱을 쓰는 경우는 드물다.

시의 문면에 따르자면 손톱은 ‘내 안에 무수히 자라고 있’는
것, 자라나는 여성 자의식의 상징이다. 그것은 지나간 삶을 바
라보게 하고, 혐오를 향해 휘두르는 공격성의 도구다. 이 공격
의 도구에는 자기 성찰적인 정신이 현전하고 있다. ‘나’는 이
‘손톱’을 깎는다. 왜냐하면 너무 긴 손톱은 불온이며 잠재적 저
항이니까. 더 나아가 여성 억압적이며 수탈자인 아버지-남
편-가부장제 사회가 ‘나’에게 강요하는 규범의 위반이니까. 손
톱이 너무 커지면 ‘나’와 세계 사이의 불화가 회복불능 상태에
빠지고 말 것이다. ‘나’는 이 손톱을 ‘당신’을 긁는 정도로만 쓸
것이다. 이 정도까지가 남성성의 세계에서 받아들여질 수 있는
경계다. 이것은 애교이고 앙탈이다. ‘당신’은 지금 세계의 지배
자다. 그것은 무수한 악성 신화를 유포하며 ‘나’를 억압하고 지
배한다. 그러니까 ‘나’는 늘 ‘당신’의 눈치를 본다. ‘나’의 무의
식 속에는 두려움이 숨어 있다. ‘나’의 무의식 속에 숨은 두려움
은 마녀로 추방되거나 화형 당할지도 모른다는 두려움이다.

경계 안쪽으로 그가
살금살금 기어 들어왔다. 성공적으로

문을 따고 깊게 들어와서
두리번거렸다. 주인이
비워놓은 시간에의 완전한 잠입, 일순
날은 어두워졌고 나도
함께 어두워졌다.

내 안의 전부를 그는
만지작거렸다. 보이지 않는 것
숨겨놓은 것들을 들쑤셨다. 취약 부분을
뒤적였고 뒤적이는 곳마다 나는
취약했다. 초범이 아닌 듯 그는 결코
무거운 것에 집착하지 않았다.

백주 대낮 환하디
환한 시간의 경계 허물고
뒤적이다 가버렸다. 헝클어진
몸에 빨대를 꽂고 밑둥까지
들이켠 후 훔쳐낸
젊음을 어깨에 둘러메고 그는
걸어나갔다. 도난 당한 한 도막의 시간을
다른 시간들이 쑥덕거렸다.
고통은 깊고 시간은 잠깐이었다. 상처 난
바람 하나 열린 문 찌꺽찌꺽 흔들어주었다.

　　―「도둑」

「도둑」은 착상과 아이디어가 능청스럽고 발랄하다. 낭만적 연애의 이면에 도사리고 있는 기만과 추악함을 폭로하는 유춘희의 어법은 매우 경쾌하다. 여성 주체의 삶에 행해지는 약탈과 탈취를 앞서의 시보다 선명하고 구체적으로 진술하고 있다. 시인은 낭만적 연애, 혹은 열정적인 사랑에 덧칠해진 도금鍍金을 가차없이 벗겨낸다. 신화의 허구성이 깨지면서 드러나는 것은 추악한 연애의 진상이다. 낭만적 연애란 냉혹하게 말하자면, '나'의 지배 아래 상대방을 종속시키는 전략이다. 연애하는 사람들 사이에 이루어지는 키스나 애무 따위도 상대방의 경계심을 이완시키며 주체의 영토를 먹어버리려는 무의식의 의도를 감추고 있는 경우가 허다하다. 영토를 점령하기 위해 힘을 쓰는 것은 하수의 수법이다. 고수는 부드럽게 쓰러뜨리고 단숨에 삼켜버린다. 이를테면 아주 기민하며 교묘한 식민지화 전략이다. "애무는 단순히 쓰다듬는 것이 아니다. 그것은 가공이다. 타인을 애무함으로써, 나는 나의 애무에 의해 내 손가락 아래에서 타인의 육체를 태어나게 한다. 애무란 타인에게 육체를 부여하는 의식의 총체이다."(사르트르, 『존재와 무』) 애무란 상대방의 공격성을 무디게 만들고 무장해제시키고 상대방을 대상화하고 그를 주체의 욕망에 유순하게 복종하는 노예로 만들겠다는 전략이고 음모이며 함정에 지나지 않는다. 낭만적 연애, 혹은 열정적인 사랑의 행위라는 것도 한 껍질만 벗겨놓고 보면 이렇듯

치사한 음모를 숨기고 있다. 일종의 먹고 먹히는 게임이다.

「도둑」을 자세히 읽어보자. '그'가 경계를 넘어 '나'의 안으로 들어온다. 처음에 그는 '두리번거린다'. 아마 이때는 서로에 대한 탐색과 눈치보기를 넘어서서 상대방의 미덕과 아름다움을 입이 마르도록 칭송하며, '사랑한다'는 달착지근한 말을 주고받을 때일 것이다. 그들은 서로의 눈동자를 바라본다. '그'는 '나'를, '나'는 '그'를 그윽한 눈빛으로 바라본다. 바라본다는 것은 타자를 대상화하고 그를 소유하려는 주체의 전략이다. 그래서 사회적 관계 안에서 열등한 서열의 사람이 그보다 높은 지위에 있는 사람을 똑바로 쳐다보는 것은 적대적이고 불손한 태도로 여겨진다. 사회적 관례를 벗어난 이런 행동은 곧바로 당사자에게 불이익을 초래한다. '그'는 '나'를 바라봄으로써 '나'를 하나의 존재로 만들기도 하지만 훔쳐가기도 한다. 김춘수는 노래했다. '내가 너의 이름을 부르자 너는 비로소 내게로 와서 꽃이 되었다'라고. 바라본다는 것과 호명하는 것은 동격의 행위다. '나'를 바라봄으로써 '나'를 대상화하던 '그'는 곧 '나'의 안으로 침범해서 함부로 만지작거리고 들쑤시고 뒤적인다. 아마도 '그'의 전략은 성공한 것 같다. 무혈입성이다. '나'의 보이지 않는 것, 숨겨놓은 것들을 들쑤시고, 뒤적이며, 훔쳐갈 것의 목록을 작성하는 것이다. 이게 모두 낭만적 연애라는 이름으로 자행되는 짓이다. 그 다음 하는 짓을 보라. '헝클어진 몸에 빨대를 꽂고 밑둥까지 들이켠다'. 아주 노골적이면서도 철저한 흡혈과 착취의 단계다. 백주 대낮이다. 환하다. 결국 '그'가 경계를 넘어 '나'에게로 온 것은 '나'를 훔치고 빼앗기 위한 것이다. '나'는 이 도둑, 침략자에 대해 저항하지 않는다. '나'는 방비가 없고 대책도 없다. '나'는 저항을 포기하고 단지 '취약했다'라고 궁색한 변명을 늘어놓는다. '나'의 몸으로 들어온 '그'가 무안해할까봐 마치 주인이 없는 것처럼 숨을 죽이고 있었으면서도 말이다. 흡혈과 착취에 대한 명백한 방조 행위다. 용서될 수 없다. 낭만적 연애라는 이름 아래에서 벌어진 범죄 행각에서 '그'가 주범이라면 '나'는 종범이다. 먹힘을 당하는, 피동의 삶은 여성 일반의 삶이다.

이 상상력이 부풀어오른 자리에 '여성—나'를 '하얀 밥덩이'라고 말하는 환유가 들어앉는다. '나'는 누군가에게 맛있게 먹히기 위해 '각종의 미움과 멸렬, 불급의 나물로 알맞게 덮여 있다'. '여성—나'는 누군가에게 먹혀지기 위한 비빔밥이다. 이 비빔밥엔 '비애의 국물이 골고루 배'고, 그 위에 얹는 고명으로 '색색의 절망도 듬뿍' 올라 있다. 누군가의 숟가락이 '여성—나'를 떠먹는다.(「시간의 비빔밥」) '그'는 '나'를 퍼먹는다. 맛있게, 당당하게. '나'는 기둥서방이며, 오랜 정부(情婦/情夫)이고, '푸른 유곽의 남자'인 '그'를 부양한다. '그'를 부양하기 위해 '깜깜한 거리에 / 붉은 등 주욱 / 내다 걸어놓고 / 위독한 혼을

팔'고, '언제나 다 해진, / 허청거리는 몸으로 / 그의 거처'에
들어선다.(「이름들·3」)

그 여자는 너무 쉬운 문장 아무나 눈을 돌려
흘끗 훔쳐 읽기 좋은 여자
가판대 앞 선 채로도 후루룩 읽혀지는
펜팔구함경기도고양시합정동68번지이름장대혁
나이19세직업학생전화354-1865가 이데올로기의 전부인,
물리 공책과 「수능 완전 정복」 사이에 끼껴 있다가 킥킥
돌려지던 여자
사랑방 보료 밑에 오래 깔려 있던
자랑스런 대한 남아 조병익 병장 침낭 속에서
며칠 밤 불침번 서는 여자
때로 서울―순천행 고속버스 뒷좌석 그물망에 걸쳐 앉았다가
본격적으로 읽혀지기도 하는, 그러나 대부분
단숨에 읽히고 거침없이 툭, 버려지는 여자
버려져 다 찢겨지고도
몇 차례 더 읽혀지는

너무 쉬운 여자
아무에게나 배시시 눈꼬리 흔드는
늦여름 패랭이 같은
시대여! 시여!

─「선데이 서울」

'그'가 '나'를 퍼먹을 때 쓰는 것은 다름 아닌 눈—시선이다. 사람은 시선을 주고받으며 상대방을 관찰하며 정보를 얻고 인지력의 지평선을 넓히며, 또한 자신의 행동을 조절한다. 시선이 갖는 즉각성, 축지성, 정적 요소는 사회 안에서 타자의 간섭이나 방해를 최소한도로 받으며 인지력의 지평선을 확장하고 자신의 위치를 찾아내는 유력한 능력이다. 바라보는 것만으로 단죄하는 경우는 거의 생겨나지 않는다. 너무 쉬운 여자라니! 남성—시선이 끊임없이 주위를 두리번거리며 찾아낸 사냥감이다. 이것은 현저하게 여성을 성적 대상화하는 남성의 시각이 찾아낸 소일거리다. 눈은 신체의 표현적 신호가 발화되는 지점이다. 남성들의 시선 아래에서 여성들은 무방비하게 대상화된다. 1970년대 남성의 호색적 욕망을 자극하며 인기를 끌던 주간지 '선데이 서울'과, '단숨에 읽히고 거침없이 툭, 버려지는 여자'는 남성—시선 아래에서 읽고 버려지는 일회용 소모품의 운명을 공유한다.

여성을 인격의 주체가 아니라 성적 대상화함으로써 남성—시선은 피동적인 여성—자연의 지배자가 되는 것이다. 여성이 있는 공간에서 부유하는 남성—시선들. 염탐하는 남성—시선은 뻔뻔스럽고 노골적이다. 대상화한 여성—육체에 끈적하게 달라붙는 남성—시선은 지배자의 오만을 머금고 있다. 여성—몸은 '그의 꼼꼼한 시선에 / 오래 붙들려 놓여지지 않는다'(「온유한 독서」). 결국 남성―타자의 시선에 의해 '세상에서 내가 연기한 / 온갖 방종의 / 내막과 배면이 샅샅이 읽혀진다'(「온유한 독서」). 바라본다는 것은 여성―육체의 살갗을 어루만지는 것이고, 여성―육체를 가리고 있는 것들을 한 꺼풀씩 벗기는 것이다. 시선은 게걸스럽게 대상을 삼킨다. 여성들이 불쾌한 감정에 빠져드는 것은 이것이 여성의 의지나 욕망과 상관없이 일어나는 능욕이고, 수탈이며, 폭력이기 때문이다. 그것은 어딘가에 '끼겨' 있고, 함부로 '돌려' 진다.

때로는 여성 입장에서 능동적으로 남성―타자의 시선을 끌어들이는 경우도 없지 않다. '자신에게 잠시 머무는 시선을 통해 정체성의 강화를 느끼기 때문이다. 이를 위해 여성은 미를 뽐내며, 드러내지 않는 듯하면서도 무언가를 드러내는 것과 같이 공식적으로 허용되는 기교를 통해서 타인의 시선을 끄느 데 여념이 없다.' (장 크로드 코프만, 『여자의 육체 남자의 시선』) 여기 '시선을 끈다' 라는 말에 딱 들어맞는 시가 있다. '붉은 속살 / 툭, 툭 불거지는 // 너를 바라보다 / 빠알갛게 들킨다. / 쩍, 쩍 벌어지고 싶은 / 이 화냥기'(「석류」). 잘 익은 붉은 속살을 드러내 보이는 '석류' 는 남성―타자의 시선을 유혹하는 여성―몸의 상징이다. 매우 도발적인 시다. 이 시선을 빨아들이는 몸짓, 성적 도발은 '정체성의 강화' 를 위한 것일까 ? 결국 화냥기란 감출 수 없는 성적 신호, 즉 꽉 차서 타자―세계를 향해 제 존재를 스스로 벌리는 생명의 욕구다.

무릇 딸―여성이란 아버지―남성에 의해 기록되는 문자다. 그런데 그것이 오자誤字라면 그것은 '읽히기도 전에 / 잊혀'(「오자」)진다. 바리데기, 콩쥐, 미운 오리새끼, 버려진 딸, 무조신巫祖神들은 여성 정체성의 원형을 구현하고 있는 이미지들이다. 그것이 소외된 타자, 즉 여성의 삶이다. 유춘희의 시적 화자는 여성 정체성을 내면화하면서 아버지―남성의 문법을 밀어낸다. 권위에 대한 거부이며 일탈이다. 딸―여성은 '자주 아버지를 나와 문장 바깥을 걸' 어다닌다. 오자인 '나'의 정체성을 받아들이기 위해 오히려 아버지―남성을 수정한다. 보라, '오자誤字인 나를 / 지우지 않으려고 당신을 / 통째로 수정했네'(「오자」)라고 한다.

유춘희의 시세계는 여성/남성, 육체/정신 사이에 가로놓여 있다. 그 둘 사이에서 생겨나는 자장磁場은 여성성의 삶 살아내기라는 중심점을 천천히 가로질러간다. 자주 현상의 표면과 이면을 뒤집는 발상을 시적 기교로 사용한다. 그것은 무거운 것을 가볍게, 심각한 것을 우스꽝스러운 것으로 전복시키는 유쾌한 발상이다. 모든 유일신―아버지―저자들에 의해 쓰여진 정전들은 무겁다. 그 무거운 정전을 뒤집는 딸―여성의 손은 불경하다. 그 손이 쓰는 책은 외경이며 위조본이다. 유춘희 시집의 표지는 게의 껍데기처럼 딱딱하고, 그 본문은 죽은 태아의 웅얼거리는 채 말이 되지 못한 말들과 형상을 갖추지 못한 꿈들로 채워져 있다. 그것은 오자가 많은, 외경이고 위조본이다. 그것은 너무 오래 상실을 살아낸 자만이 써낼 수 있는 텍스트다. 내가 읽기에 유춘희의 시는 무수한 정전들이 꽂혀 있는 서가에서 당당한 경쟁력을 갖춘 외경이며, 위조본이다.

유춘희

일천구백육십삼년 충청남도 직산의 작은 농가에서 일남 사녀 중 맏이로 태어난 시인은 유년기를 그곳에서 보낸다. 일천구백칠십년대가 시작되면서 이농이라는 사회 이동의 급류를 타고 일용근로자로 편입된 아버지를 따라 경기도 평택시로 사는 곳을 옮긴다. 그곳에서 교사들의 사랑을 듬뿍 받으며 초중고등학교 과정을 마치는데, 그것이 계기가 되어 일천구백팔십육년 홍익대학교 사범대학 국어교육과를 졸업하고 모교인 태광중·종합고등학교로 돌아와 국어 교사로 재직한다. 교사 노릇을 하면서 좋은 선생이 되려는 꿈을 내내 품고 고민하다가, 시로 마음을 돌려 뒤늦게 문학공부에 빠져든다. 일천구백구십삼년 월간 시 전문지 〈현대시학〉에 「이사」 등의 작품을 내놓으며 시인으로 등단한다. 공부에 뜻을 두어 열두 해 동안 몸담았던 교사직을 그만두고 일천구백구십팔년 동국대학교 국어국문학과 대학원에 들어가 이천년에 석사과정을 마친다. 지금은 같은 대학원 박사과정에 다니고 있으며 이천이년 한국문화예술진흥원 창작지원금을 받아 첫 시집 『내가 사랑한 도둑』을 내놓는다.